CW01425930

Kurz geübt & schnell kapiert

Deutschheft

5. Klasse

Cornelsen

SCRIPTOR

Lernplan von _____

1	Seite	Grammatik	bearbeiten am	☹ 😐 🙂	↻ ✓
	4	Maskulinum, Femininum, Neutrum		😐	
	6	Personalpronomen (1)		😐	
	8	Personalpronomen (2)		😐	
	10	Possessivpronomen		😐	
	12	Subjekt		😐	
	14	Nominativ, Genitiv, Dativ, Akkusativ		😐	
	16	Dativ- und Akkusativobjekt		😐	
	18	Zeiten: Perfekt, Präsens und Futur		😐	
	20	Zeiten: Perfekt und Präteritum		😐	
	22	Vermischte Übungen		😐	
2	Seite	Rechtschreibung	bearbeiten am	☹ 😐 🙂	↻ ✓
	24	Großschreibung von Nomen		😐	
	26	Nominalisierung von Verben		😐	
	28	e oder ä, eu oder äu?		😐	
	38	Wörter mit langem i		😐	

3

Maskulinum, Femininum, Neutrum

Im Deutschen gibt es für **Nomen** drei Geschlechter:
männlich (Maskulinum), weiblich (Femininum), sächlich (Neutrum).
Das Geschlecht nennt man auch **Genus**.
Im **Singular** (Einzahl) heißen die bestimmten Artikel:
der (Maskulinum), die (Femininum), das (Neutrum).
Beispiele: *der* Mann   *die* Frau   *das* Kind

1 In dem Bericht sind einige Nomen im Singular rot hervorgehoben.
Unterstreiche sie in verschiedenen Farben:
blau, wenn sie männlich sind (Maskulinum),
rot, wenn sie weiblich sind (Femininum) oder
grün, wenn sie sächlich sind (Neutrum).

Katharina, Julia, Felix, Lukas und die anderen Kinder würden am liebsten

sofort zu der Farbe greifen und mit der Bemalung der Straße anfangen. Die

Idee dafür hatte eine Anwohnerin in einem Neubaugebiet von Münster.

Doch so einfach ist das nicht. „Wie, Sie wollen die Fahrbahn bemalen? Da

kann ja jeder kommen!", meinte der Beamte am Telefon, als die Bürger die

Stadtverwaltung um Erlaubnis baten. Die Straßenmalereien haben das Ziel,

die Autofahrer darauf hinzuweisen, dass in diesem Wohngebiet viele Kinder

auf der Straße spielen. Einen Spielplatz gibt es in diesem Stadtteil nicht.

Daher ließ die Polizei Schilder für Tempo 30 aufstellen. Mehrere Mütter

meinten, dass Straßenmalereien nicht nur mit Kreide, sondern mit haltbarer

Farbe die Autofahrer zusätzlich zur Vorsicht mahnen. Die Jungen und

Mädchen haben bereits viele Entwürfe gemalt: „Wo sollen wir spielen?",

steht da in bunten Buchstaben. Andere Zeichnungen betreffen Tiere und

Kinder oder Spiele wie „Himmel und Hölle". Ganz aussichtslos scheint das

Vorhaben nicht zu sein. Nach einer Unterschriftenaktion meinte ein Beamter:

„Wir werden den Anwohnern so weit entgegenkommen, wie es möglich ist."

Der Antrag werde noch geprüft. Jedoch bat er um Verständnis, weil das

Bemalen der Straßen mit dauerhafter Farbe nicht unproblematisch sei.

27

1

Im **Plural** (Mehrzahl) gibt es einen Artikel für alle Geschlechter: die.
Beispiele: *die* Männer   *die* Frauen   *die* Kinder

2 Ordne nun alle unterschlängelten Wörter aus Übung 1 in die Tabelle ein.
Achtung: Diese Nomen stehen im Plural (Mehrzahl). Um sie in die Tabelle
einordnen zu können, musst du den Singular (Einzahl) bilden.

Genus	Nomen im Singular (Einzahl)	
Maskulinum:		
Femininum:		
Neutrum:	*das Kind*	
		14

🕐   ☺ 41 – 30 **Punkte**   😐 29 – 20 **Punkte**   😟 19 – 0 **Punkte**   Gesamt-**punktzahl**

Personalpronomen (1)

Das **Personalpronomen** (persönliches Fürwort) ist ein kurzes Wort, das für ein Nomen steht. Man braucht ein Nomen nicht zu wiederholen, wenn klar ist, wer oder was gemeint ist. Stattdessen verwendet man das Pronomen.
Beispiel: *Julia und ihre Mutter* fahren in die Stadt.

Sie	fahren in die Stadt.
Sie	wollen ein Geschenk für *Julias Vater* kaufen.
Sie	wollen ein Geschenk für *ihn* kaufen.

Bei den Personalpronomen unterscheidet man drei Personen im Singular (Einzahl) und im Plural (Mehrzahl).

Singular	1. Person	*ich – mir, mich*
	2. Person	*du – dir, dich*
	3. Person	*er – ihm, ihn sie – ihr, sie es – ihm*
Plural	1. Person	*wir – uns*
	2. Person	*ihr – euch*
	3. Person	*sie – ihnen*

1 Ersetze die hervorgehobenen Wörter durch Personalpronomen.

Meine Mutter und ich fahren in die Stadt. *Wir fahren in die Stadt.*

Alle Parkplätze sind besetzt.

_____

Wir suchen das Parkhaus.

_____

Meine Mutter parkt dort ungern.

_____

Meine Mutter und ich fahren nach Hause.

_____

Wir überholen einen Lkw.

_____

„Warum hat der Lkw gebremst?"

_____

Sie bemerkt rechtzeitig den Stau.

_____

Meine Mutter nimmt ihr Handy.

_____

Sie sagt meinem Vater, dass wir in einem Stau stecken.

_____ 9

★ ❷ **Überlege, welche Nomen du durch Personalpronomen ersetzen kannst. Benutze die Pronomen aus dem Wortspeicher.**

| er | Er | Sie | ihm | ihr | ihm | sie | ihn | Es |

Julias Vater hat Geburtstag. _____ wird 45 Jahre alt.

Julia hat ein besonders schönes Geschenk für _____. _____ ist schon

ganz aufgeregt und möchte es _____ unbedingt vor allen anderen

überreichen. Julias Mutter hat _____ beim Einpacken des Geschenks

geholfen. _____ ist in glitzerndes Papier gehüllt und mit einer großen

roten Schleife gebunden. Es ist _____ nicht anzusehen, was sich darin

verbirgt. Julia grinst. Auch _____ verrät ihrem neugierigen Vater nichts

und wartet gespannt darauf, dass _____ das Geschenk endlich öffnet. 9   **7**

Personalpronomen (2)

Achte beim Schreiben darauf, dass das **Bezugswort von Pronomen** eindeutig ist.
Im folgenden Beispiel ist der Bezug nicht ganz klar:
Maria schreibt Susanne einen Brief. Susanne hat schon lange nichts mehr von ihrer Freundin gehört. *Sie* vermisst *sie* sehr.

Das Personalpronomen *sie* kann sich entweder auf Maria oder Susanne beziehen. Es ist nicht klar, wer wen vermisst.
Der Satz hat also zwei verschiedene Bedeutungen:
Erste Bedeutung: *Susanne* vermisst *Maria* sehr.
Zweite Bedeutung: *Maria* vermisst *Susanne* sehr.
Hier muss man die Namen wiederholen, damit der Satz eindeutig wird.

① **Im folgenden Kurztext hat der letzte Satz zwei verschiedene Bedeutungen. Untersuche den Satz Schritt für Schritt.**

Timo schreibt seinem Freund Felix fast jeden Tag eine E-Mail. Heute schreibt er zum ersten Mal eine E-Mail an Dana. Sie ist sehr witzig.

1. Auf welche beiden Nomen könnte sich das Personalpronomen sie beziehen?

   Sie = _____ oder _____

2. Formuliere den letzten Satz so um, dass die beiden Bedeutungen deutlich werden.

   Erste Bedeutung: _____.

   Zweite Bedeutung: _____.

   Was musst du tun, damit der Satz nur eine Bedeutung hat?

   Ich muss _____

   _____ . | 5 |

1

★ **2** **Im folgenden Text gibt es zu viele Wortwiederholungen. Manche Nomen kannst du durch Personalpronomen ersetzen, weil der Bezug eindeutig ist. Schreibe über die hervorgehobenen Wörter die passenden Pronomen.**

Lena wohnt in Köln, ihre Oma im fast 500 Kilometer entfernten Dresden.

Darum sieht Lena ihre Großmutter nicht allzu oft. „Lena", bittet der Vater

Lena heute, „schreib der Oma doch einen Brief!" Lena schreibt ungern Briefe,

stattdessen telefoniert Lena lieber. Doch Lenas Oma ist schwerhörig und

telefoniert deshalb nicht gerne. Eine SMS zu schicken, hat auch keinen Sinn,

denn die Oma benutzt ihr Handy nur selten – und außerdem hat sie ihr

Handy meistens verlegt. Internet hat die Oma nicht, sonst würde Lena der

Oma eine E-Mail schreiben.

„Du könntest in den Ferien mit dem Zug nach Dresden fahren", schlägt der

Vater vor. Der Vater schaut seine Tochter auffordernd an. Lena ist von der Idee

sofort begeistert. Lena greift gleich zum Stift und schreibt einen Brief, in dem

Lena ihrer Großmutter von diesem Plan berichtet.

„Ich bring den Brief gleich zur Post, dann ist der Brief vielleicht morgen schon

da", ruft Lena in den Flur. Und weg ist Lena. | 10 |

Possessivpronomen

Possessivpronomen zeigen an, wem etwas gehört. Deshalb nennt man sie auch besitzanzeigende Fürwörter.
Beispiele:
Mein Hund muss heute noch ausgeführt werden.
Deine Katze hat sich an der Pfote verletzt.

Wie die Personalpronomen unterscheidet man auch die Possessiv-pronomen nach den verschiedenen Personen im Singular und Plural.

Singular	1. Person	*mein*
	2. Person	*dein*
	3. Person	*sein, ihr*
Plural	1. Person	*unser*
	2. Person	*euer*
	3. Person	*ihr*

Achtung: Die Endung des Possessivpronomens richtet sich nach dem Nomen, das es begleitet.
Beispiele: *Mein* Lieblingstier ist der Koala.
Meine Lieblingstiere sind der Koala und das Känguru.

1 **Ergänze im folgenden Text die Possessivpronomen. Achte auf die Endungen.**

Meine (**mein**) Freundin Lea war seit einer Woche im Krankenhaus. Sie

hatte mich gebeten, nach _____ (**ihr**) Fischen zu sehen. Wie erschrak

ich, als ich in _____ (**ihr**) Zimmer kam! Das Wasser in _____ (**ihr**)

schönen Aquarium war grün, voller Algen. Der Filter der Umwälzpumpe war

verschmutzt. Das Schlimmste war: Ich konnte sehen, dass die Fische Punkte

an _____ (**ihr**) Flossen hatten, einige hatten Entzündungen an _____

(**ihr**) Kiemen. Es musste sofort etwas geschehen! Sonst würden alle Fische

_____ (**mein**) Freundin jämmerlich eingehen.

6

1

2 **Ergänze die Possessivpronomen aus dem Wortspeicher.**

eure   *ihre*   *meine*   *unsere*   *ihre*   *deine*

Unter der Bank liegen zwei Bücher. Wem gehören sie?

„Sind das _____ Bücher, Laura?"

„Nein, das sind nicht _____ Bücher."

„Sind das _____ Bücher, Lukas und Daniel?"

„Nein, das sind nicht _____ Bücher."

„Wem könnten die Bücher gehören? Den Schülern aus der Parallelklasse?"

„Ja, das sind bestimmt _____ Bücher. Ich habe gesehen,

wie zwei Schülerinnen _____ Bücher gesucht haben."   6

3 **Ergänze die Possessivpronomen.**

Alexander kommt mit einem neuen Fahrrad in die Schule.

Lukas: „Ist das _____ Fahrrad, Alexander?"

Alexander: „Ja, das ist _____ neues Fahrrad."

Lukas: „Das war bestimmt teuer. Hat es _____ Vater für

              dich gekauft?"

Alexander: „Nein, Opa und Oma haben es mir zu _____

              Geburtstag geschenkt."

Lukas: „Ich wünsche mir auch ein neues Fahrrad. _____ altes

              ist kaputt."   5

11

Subjekt

1 Unterstreiche im folgenden Text die Subjekte in jedem Satz.
Die Fragen helfen dir, die Subjekte zu finden.

Das Dino-Ei

1. David Shiffler ist ein kleiner Junge aus den USA.

   (*Wer oder was* ist ein kleiner Junge aus den USA?)

2. Bei einem Campingausflug hatte er einen merkwürdigen Stein gefunden.

   (*Wer oder was* hatte einen merkwürdigen Stein gefunden?)

3. David war sich ganz sicher,

   (*Wer oder was* war sich ganz sicher?)

4. … dass der Stein ein Dinosaurier-Ei ist.

   (*Wer oder was* ist ein Dinosaurier-Ei?)

5. Sein Vater glaubte ihm nicht.

   (*Wer oder was* glaubte ihm nicht?)

6. Er legte den Stein in die Garage.

   (*Wer oder was* legte den Stein in die Garage?)

7. David war damit nicht zufrieden und quengelte dauernd.

   (*Wer oder was* war damit nicht zufrieden?)

1

8. Der Vater wollte die Quengeleien beenden.

   (*Wer oder was* wollte die Quengeleien beenden?)

9. Zusammen mit seinem Sohn brachte er den Stein ins Museum.

   (*Wer oder was* brachte den Stein ins Museum?)

10. Und wirklich! Die Wissenschaftler bestätigten,

    (*Wer oder was* bestätigte?)

11. ... dass der Stein ein rund 150 Millionen Jahre altes Bruchstück

    eines Dinosaurier-Eis ist.

    (*Wer oder was* ist ein Ei-Bruchstück?)   10

2 **Frage nach den Subjekten und unterstreiche sie.**

Der Titanic-Untergang am 15. April 1912 ist eine der größten Schiffs-

katastrophen des 20. Jahrhunderts.

Während der ersten Überfahrt von Europa nach Amerika rammte der

Luxusdampfer einen Eisberg.

Kurze Zeit später versank das Schiff.

Die meisten Passagiere ertranken im eiskalten Nordatlantik.

Im Jahr 1985 wurde das Wrack wiederentdeckt.   5

13

Nominativ, Genitiv, Dativ, Akkusativ

Im Deutschen gibt es **vier Fälle**: Nominativ, Genitiv, Dativ und Akkusativ. Jedes Nomen und jeder Stellvertreter des Nomens steht in einem dieser Fälle.

Beispiel: Die Katze der Nachbarin frisst dem Hund den Napf leer.

1. Fall:	Nominativ	Frage: *Wer oder was ...?* (*Wer oder was* frisst? *Die Katze.*)
2. Fall:	Genitiv	Frage: *Wessen ...?* (*Wessen Katze frisst? Die der Nachbarin.*)
3. Fall:	Dativ	Frage: *Wem ...?* (*Wem frisst sie den Napf leer? Dem Hund.*)
4. Fall:	Akkusativ	Frage: *Wen oder was ...?* (*Wen oder was frisst sie leer? Den Napf.*)

1 Bestimme die Fälle.

1. *Ich* würde gern mit der Katze der Nachbarin spielen.

    Wer oder was würde gern mit der Katze spielen?

    Ich _____   Fall: *Nominativ* _____

2. *Sie* hat ein weiches *Fell*.

    Wer oder was hat ein weiches Fell?

    _____   Fall: _____

    Wen oder was hat die Katze?

    _____   Fall: _____

3. Plötzlich wird *sie* unruhig.

    Wer oder was wird plötzlich unruhig?

14 _____   Fall: _____

1

4. *Sie* hat *das Bellen eines Schäferhundes* gehört.

Wer oder was hat das Bellen gehört?

_____ Fall: _____

Wen oder was hat sie gehört?

_____ Fall: _____

Wessen Bellen hat sie gehört?

_____ Fall: _____ 12

2 **Frage nach den hervorgehobenen Satzteilen**
und gib die Fälle an.

1. *Mein Wellensittich* ist in den Ferien weggeflogen.

_____

_____?

_____ Fall: _____

2. *Die Katze meiner Nachbarin* hat *ihn* schließlich auf dem Baum entdeckt.

_____?

_____ Fall: _____

_____?

_____ Fall: _____

_____?

_____ Fall: _____ 12

15

Dativ- und Akkusativobjekt

Ein Satz besteht mindestens aus den Satzgliedern **Subjekt** und **Prädikat**.
Beispiel:

Tobias   singt.
Subjekt   Prädikat

Viele Sätze haben auch ein **Objekt**.
Die wichtigsten Objekte sind:
→ das Akkusativobjekt   (Frage: *Wen oder was* ...?)
→ das Dativobjekt   (Frage: *Wem* ...?)

Beispiele:

Tobias	*ruft*	*seinen Hund.*
Subjekt	Prädikat	Objekt
(*Wen oder was* ruft er?)		Akkusativobjekt

Tobias	*spielt*	*mit seinem Hund.*
Subjekt	Prädikat	Objekt
(*Mit wem* spielt er?)		Dativobjekt

1 **Ergänze die Objekte und bestimme sie.**

Subjekt	Prädikat	Objekt		
	hat	*eine Katze*	=	*Akkusativobjekt*
	spielt	_____	=	_____
	füttert	*ihre* _____	=	_____
Lisa	streichelt	_____	=	_____
	schmust	_____	=	_____
	liebt	_____ *sehr.*	=	_____

10

16

1

In vielen Sätzen gibt es mehr als ein **Objekt**.
Beispiel:

Tobias	*gibt*	*dem Hund*	*sein Fressen.*
Subjekt	Prädikat	Objekt	Objekt
(*Wem* gibt er etwas?)		**Dativobjekt**	
(*Wen oder was* gibt er?)			**Akkusativobjekt**

2 **Bestimme die Objekte in den folgenden Sätzen.**

1. Meine Mutter   schenkt   meiner Katze   einen Kletterbaum.

   _____   _____

2. Meinem Hund   kaufe   ich   ein gemütliches Körbchen.

   _____   _____   `4`

3 **Unterstreiche die Dativobjekte grün und die Akkusativobjekte rot.**

Die Deutschen geben ihren Hunden, Wellensittichen oder Zierfischen gern

das Beste. Alle Haustiere zusammen fressen im Jahr Fertignahrung und

Spezialfuttermittel im Wert von 1,55 Milliarden Euro!

Die 6 Millionen Katzen schlecken für 700 Millionen Euro Futter aus Dosen

und Schälchen. Die 5 Millionen Hunde bekommen Fertigfutter für

600 Millionen Euro in den Napf. Das viele Geld nützt nicht nur den

Haustieren, sondern ermöglicht auch den Produzenten von Tiernahrung

große Gewinne. Auch andere Hersteller verdienen viel Geld: Die deutschen

Tierliebhaber kaufen ihren Lieblingen Spielzeug, Leinen, Körbchen usw.

Dafür geben sie 600 Millionen Euro aus.   `17`

17

Zeiten: Perfekt, Präsens und Futur

Das Verb kann in verschiedenen Zeitformen stehen.
Für die Vergangenheit kannst du das **Perfekt** benutzen.
Für die Gegenwart verwendest du das **Präsens**.
Für die Zukunft kannst du das **Futur** benutzen.

Perfekt: Vorhin *hat* Sven die Tankstelle *gesehen*.
Präsens: Jetzt *sieht* Kevin die Tankstelle.
Futur: Nachher *wird* Anne die Tankstelle *sehen*.

Bei einigen Zeiten bilden Hilfsverb und Vollverb eine Klammer.
Beispiel: Der Fahrer *hat* die Geschwindigkeit genau *erkannt*.

Verbklammer

1 Bestimme in den folgenden Sätzen die Zeit und zeichne die Verbklammer ein.

Er hat den Lkw gesehen. _____

Sie sind viel zu schnell gefahren. _____

Sie wird an der Tankstelle halten. _____ | 6 |

2 Bei welchen Zeiten bilden die Verben eine Klammer? Kreuze an.

☐ **Perfekt:** Wir sind zu meiner Oma nach Hamburg gefahren.

☐ **Präsens:** Wir fahren zu meiner Oma nach Hamburg.

☐ **Futur:** Wir werden zu meiner Oma nach Hamburg fahren. | 2 |

früher

jetzt

später

1

3 **Notiere die Sätze im Perfekt und im Futur.**

Perfekt	Präsens	Futur
Die Schülerinnen und Schüler haben die unvorsichtigen Autofahrer gestoppt.	Die Schülerinnen und Schüler stoppen die unvorsichtigen Autofahrer.	*Die Schülerinnen und Schüler werden die unvorsichtigen Autofahrer stoppen.*
	Die Autofahrer zahlen Strafe.	
	Kevin kommt aus der Schule.	
	Er erzählt von der Laserpistole.	
	Seine Mutter hört erstaunt zu.	

Pro Satz 1 Punkt   8   **19**

Zeiten: Perfekt und Präteritum

Beim Sprechen verwenden wir häufig das **Perfekt** für die Vergangenheit.
Beim Schreiben benutzen wir eher das **Präteritum** für die Vergangenheit.

Paul, was hast du gestern gemacht?

Ich bin nach Hause gegangen und habe meinen Hund gefüttert.

Paul, was hast du gestern noch gemacht?

Ich habe meine Hausaufgaben gemacht und bin zum Sportplatz gegangen. Dann hat meine Mutter mich abgeholt und wir haben zu Abend gegessen. Anschließend haben wir noch zusammen gespielt.

Beispiele:
Paul sagt: „Ich *bin* nach Hause *gegangen*."
„Ich *habe* meinen Hund *gefüttert*."   **Perfekt**

1 Schreibe auf, was Paul noch sagt. Verwende dabei das Präteritum.

Ich ging nach Hause und fütterte meinen Hund.

Ich _____ meine Hausaufgaben und _____ zum Sportplatz.

Dann _____ meine Mutter mich ab und wir _____ zu Abend.

Anschließend _____ wir noch zusammen.

5

Wenn du die Verben ins **Präteritum** setzt, verändern sich manchmal die Vokale.

Beispiele:

tragen	ich habe getragen	ich trug
laufen	ich bin gelaufen	ich lief
gehen	ich bin gegangen	ich ging

1

2 **Deine Freunde erzählen dir von ihren Ferien.**
Schreibe auf, was sie erlebt haben. Setze dabei die Verben ins Präteritum.

Sarah: „Ich habe mein Zimmer neu gestrichen."
Leon: „Ich habe im Verein Fußball gespielt."
Tina: „Ich habe mich mit meiner Freundin Lara getroffen."
Niko: „Meine Eltern und ich sind zu Bekannten gefahren."
Sophie: „Ich bin jeden Tag eine halbe Stunde gelaufen."
Tim: „Mein Bruder und ich sind mit dem Fahrrad zum See gefahren."

Sarah strich ihr Zimmer neu.

_____

_____

_____

_____

5

_____

3 **Schreibe deinen Tagesablauf auf.**
Verwende dabei diese Verben und setze sie ins Präteritum.

(Zähne) putzen   *aufstehen*   *frühstücken*   *waschen*

(zur Schule) gehen   *anziehen*   *gähnen*   *~~wecken~~*

Gestern Morgen war ein Tag wie jeder andere. Um 6.30 Uhr weckte mich meine

Mutter und _____

_____

_____

7

_____

Vermischte Übungen

1 Im folgenden Text sind einige Wörter unterstrichen. Notiere daneben entweder den Fall (Nominativ, Genitiv, Dativ, Akkusativ), die Wortart (Nomen, Artikel, Personalpronomen, Possessivpronomen) oder die Zeit (Präsens, Perfekt, Präteritum, Futur), in der das Wort steht.

Der Teddy

Puppen gab es schon immer.   Fall: _Akkusativ_

Heute ist aber kein   Zeit: _____

Kuscheltier beliebter als   Wortart: _____

der Teddybär.

Der erste Teddybär erblickte   Zeit: _____

im Jahre 1903 das Licht der   Wortart: _____

Welt. Er wurde von Margarete   Wortart: _____

Steiff geschaffen, die in einem kleinen

württembergischen Dorf wohnte.   Zeit: _____

Ihr Teddy hatte bereits einen   Fall: _____

drehbaren Kopf und beweg-   Wortart: _____

liche Arme und Beine.

In kürzester Zeit trat er seinen   Fall: _____

Siegeszug von Deutschland um

die ganze Welt an. Wie ist der Teddy

zu seinem Namen gekommen?   Zeit: _____

1

Darüber <u>gibt</u> es viele Geschich-
ten. Ziemlich einig sind sich die
Fachleute, dass <u>der</u> amerika-
nische·Präsident Theodore
Roosevelt <u>dem kleinen Bären</u>
seinen Namen gegeben hat. Der
Präsident wurde von <u>seinen</u>
Freunden „Teddy" genannt. –
Bei einem <u>Jagdausflug</u> sollen
die Jäger einen hilflosen jungen
Bären vor die Flinte <u>des Präsi-</u>
<u>denten</u> getrieben haben. Er
lehnte jedoch <u>den Abschuss</u>
entrüstet ab. Davon beeindruckt
<u>fragte</u> der Händler Morris
Michton, ob er <u>seinen</u> neuen
Spielzeugbären aus Plüsch mit
schwarzen <u>Augen</u> „Teddy"
nennen dürfe.
Roosevelt stimmte zu.

Zeit: _____

Wortart: _____

Fall: _____

Wortart: _____

Wortart: _____

Fall: _____

Fall: _____

Zeit: _____

Wortart: _____

Wortart: _____

20

23

Großschreibung von Nomen

> Nomen (Substantive) werden großgeschrieben. Oft haben sie einen Begleiter bei sich, an dem du sie erkennen kannst. Solche **Nomenbegleiter** können sein:
> → bestimmte Artikel, z. B. *der* Marmor, *die* Liebe, *das* Eisen
> → unbestimmte Artikel, z. B. *ein* Stein, *eine* Schülerin, *ein* Lehrer
> → Artikel und Präposition (verschmolzen), z. B. *im* (= in dem) Haus, *ans* (= an das) Fenster, *zur* (= zu der) Schule
> → Possessivpronomen, z. B. *mein* Schlüssel, *deine* Mutter, *unsere* Klasse

1 Unterstreiche die Nomen. Gib anschließend an, welcher Begleiter das Nomen jeweils kennzeichnet, und bestimme seine Wortart.

Fast wäre eine <u>Fliege</u> in   *eine = unbestimmter Artikel*

ein Spinnennetz geflogen.   _____

Froh, entkommen zu sein,

grinst sie die Spinne frech an.   _____

Da ärgert sich der Räuber   _____

im Fangnetz: _____

„Warte nur, morgen fliegst du

in mein Netz!"   _____

Da muss die Fliege lachen: _____

„Denkste, nie im Leben, ich   _____

bin eine Eintagsfliege!"   _____   `16`

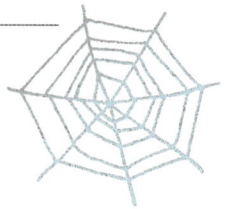

> Artikel und Possessivpronomen müssen nicht direkt vor dem Nomen stehen. Beispiel: *die* humorvolle Fliege

2 Die Nomen sind im Text kleingeschrieben. Finde sie und schreibe sie groß.
Gib auch den Begleiter und seine Wortart an.

	Nomen	Begleiter
Ein junges ehepaar sitzt	_Ehepaar_	_ein = unbest. Artikel_
beim abendessen.	_____	_____
Der mann erkundigt sich:	_____	_____
„Ist das essen wieder	_____	_____
aus der dose?"	_____	_____
„Ja, es war so ein süßer hund	_____	_____
darauf abgebildet, und daneben		
stand: Für Ihren liebling."	_____	_____

`12`

> Manche Nomen erkennst du auch an **Endungen** wie -keit, -heit, -ung, -nis,
> -schaft.
> Beispiele: Einsam*keit*, Beliebt*heit*, Begab*ung*, Erleb*nis*, Nachbar*schaft*

★ **3** Bilde Nomen mit den Endungen. Schreibe einen passenden Artikel davor.

verwandt?	____ _____	erlaub?	____ _____
verletz?	____ _____	süßig?	____ _____
verrückt?	____ _____	mitglied?	____ _____
schnellig?	____ _____	witter?	____ _____
munter?	____ _____	entdeck?	____ _____
erzähl?	____ _____	erb?	____ _____

`24`

Nominalisierung von Verben

Groß schreibt man Nomen und alle Wörter, die als Nomen gebraucht werden. Man spricht dann von **Nominalisierungen**.

Verben schreibt man normalerweise klein.
Beispiel: Ich *laufe* zum Sportplatz.

Wenn sie aber als Nomen gebraucht werden, schreibt man sie groß.
Du erkennst das Nomen daran, dass du einen Artikel davorsetzen kannst.
Beispiel: Das *Laufen* macht müde.

Erinnere dich: Manchmal ist der Artikel mit einer Präposition verschmolzen. Beispiele: *zum (= zu dem) Lachen, beim (= bei dem) Spielen*

1 **Woran kannst du erkennen, dass es sich bei den hervorgehobenen Wörtern um Nomen handelt? Unterstreiche die Signalwörter.**

Meinem Opa fällt das **Atmen** manchmal schwer.

Die Witze meines Vaters sind wirklich zum **Lachen**.

Das ist ja zum **Verzweifeln**!

Ich gehe zum **Essen**.

Das **Spielen** macht mir heute keinen Spaß.

Wir fahren zum **Einkaufen** in die Stadt.

Mir macht das **Pfeifen** mehr Spaß als das **Singen**.

Ich wünsche mir mehr Zeit zum **Schlafen**.

Beim **Laufen** habe ich mich verletzt.

Manchmal bekomme ich vom **Lachen** Bauchschmerzen.

Das Spiel ist zum **Einschlafen**!

Das **Lernen** macht Spaß.

Nach dem **Spielen** kommt das **Aufräumen**.

Das ist zum **Weinen**.

Beim **Malen** ist mir der Pinsel hingefallen.

17

2 **Bilde aus den Verben Nomen.**

keuchen	_____	jagen	_____
backen	_____	fragen	_____
fliegen	_____	raten	_____
schimpfen	_____	geben	_____
wetten	_____	nehmen	_____
kochen	_____	radeln	_____
klettern	_____	sammeln	_____ 14

> Manchmal steht kein Artikel vor dem Verb, das als Nomen gebraucht wird.
> Die **Artikelprobe** hilft dir, das Nomen zu erkennen.
> Beispiel: _Laufen_ ist anstrengend.   _Das Laufen_ ist anstrengend.

3 **Nicht alles ist hier richtig. Finde die nominalisierten Verben uns schreibe sie heraus.**

Wir **gehen** heute in die Schule.   _____

Beim **aufräumen** habe ich meinen alten Teddy gefunden. _____

Singen und **tanzen** macht mir Spaß.   _____

Sie **lesen** gerne.   _____

Ich kann nicht mehr **stehen**.   _____

Die Zwillinge sehen sich zum **verwechseln** ähnlich. _____

Im **liegen** kann ich nicht essen.   _____

Mir wird vom **fliegen** übel.   _____ 5

27

e oder ä, eu oder äu?

Wenn du nicht weißt, ob man ein Wort mit e oder ä schreibt, suche ein verwandtes Wort.

Beispiel: Das Wort „ängstlich" schreibt man mit ä, weil es mit „Angst" verwandt ist.

Weitere Beispiele:	Gelächter	lachen
	Anfänger	anfangen
	tatsächlich	Tatsache

1 **Mit welchen Wörtern sind diese verwandt?**

zählen	_____	ganztägig	_____
sich rächen	_____	ändern	_____
Gepäck	_____	Wächter	_____
freihändig	_____	umblättern	_____
Gärtner	_____	länger	_____ 10

Genauso kannst du ableiten, ob man ein Wort mit äu oder eu schreibt.
Beispiel: „Säugetier" schreibt man mit äu, weil das Wort mit „saugen" verwandt ist.

2 **Mit welchen Wörtern sind diese verwandt?**

Gemäuer	_____	häuslich	_____
Bäuerin	_____	Geräusch	_____
aufräumen	_____	äußerlich	_____
säubern	_____	gebräuchlich	_____
Gebäude	_____	häufen	_____ 10

Lösungen

★ Aufgaben mit höherem Schwierigkeitsgrad

1 Grammatik

❶ Blau unterstrichen:
Beamte, Spielplatz, Stadtteil,
Himmel, Beamter, Antrag

Rot unterstrichen:
Bemalung, Straße, Idee, Anwohnerin,
Fahrbahn, Stadtverwaltung,
Erlaubnis, Straße, Polizei,
Farbe, Vorsicht, Hölle,
Unterschriftenaktion, Farbe

Grün unterstrichen:
Telefon, Ziel, Wohngebiet,
Tempo, Vorhaben,
Verständnis, Bemalen

❷ Maskulinum: Bürger, Autofahrer, Junge,
Entwurf, Buchstabe, Anwohner

Femininum: Straßenmalerei, Mutter,
Zeichnung, Straße

Neutrum: Schild, Mädchen, Tier, Spiel

❶ Sie sind besetzt. – Wir suchen es. –
Sie parkt dort ungern. – Wir fahren
nach Hause. – Wir überholen ihn. –
„Warum hat er gebremst?" –
Sie bemerkt ihn rechtzeitig. – Sie nimmt
ihr Handy. – Sie sagt ihm, dass wir
in einem Stau stecken.

❷ ★ ... Er wird 45 Jahre alt.
... schönes Geschenk für ihn.
Sie ist schon ganz aufgeregt ...
... möchte es ihm unbedingt ...
Julias Mutter hat ihr ...
Es ist in glitzerndes Papier ...
Es ist ihm nicht anzusehen, ...
Auch sie verrät ...
... dass er das Geschenk ...

❶ Sie = E-Mail oder Dana
1. Die E-Mail ist sehr witzig.
2. Dana ist sehr witzig.
Ich muss das Nomen wiederholen.

❷ ★ Lena wohnt in Köln, ihre Oma im fast
500 Kilometer entfernten Dresden.
Darum sieht sie ihre Großmutter nicht
allzu oft. „Lena", bittet der Vater sie heute,
„schreib der Oma doch einen Brief!"
Lena schreibt ungern Briefe, stattdessen
telefoniert sie lieber. Doch Lenas Oma ist
schwerhörig und telefoniert deshalb nicht
gerne. Eine SMS zu schicken, hat auch
keinen Sinn, denn die Oma benutzt ihr
Handy nur selten – und außerdem hat
sie es meistens verlegt. Internet hat die
Oma nicht, sonst würde Lena ihr eine
E-Mail schreiben.
„Du könntest in den Ferien mit dem
Zug nach Dresden fahren", schlägt der
Vater vor. Er schaut seine Tochter auffordernd an. Lena ist von der Idee sofort
begeistert. Sie greift gleich zum Stift
und schreibt einen Brief, in dem sie
ihrer Großmutter von diesem Plan
berichtet.
„Ich bring den Brief gleich zur Post,
dann ist er vielleicht morgen schon
da", ruft Lena in den Flur. Und weg
ist sie.

❶ ... nach ihren Fischen zu sehen.
... in ihr Zimmer kam!
... in ihrem schönen Aquarium ...
... an ihren Flossen hatten ...
... an ihren Kiemen.
... alle Fische meiner Freundin ...

2 Sind das <u>deine</u> Bücher ...
... nicht <u>meine</u> Bücher.
Sind das <u>eure</u> Bücher ...
... nicht <u>unsere</u> Bücher.
... sind bestimmt <u>ihre</u> Bücher.
... Schülerinnen <u>ihre</u> Bücher ...

3 „Ist das <u>dein</u> Fahrrad ...
... das ist <u>mein</u> neues Fahrrad."
Hat es <u>dein</u> Vater für dich ...
... zu <u>meinem</u> Geburtstag ...
<u>Mein</u> altes ist kaputt."

Seite 12 – 13

1 2. ... hatte <u>er</u> einen merkwürdigen ...
3. <u>David</u> war sich ganz sicher,
4. ... <u>der Stein</u> ein Dinosaurier-Ei ...
5. <u>Sein Vater</u> glaubte ihm nicht.
6. <u>Er</u> legte den Stein in die Garage.
7. <u>David</u> war damit nicht zufrieden ...
8. <u>Der Vater</u> wollte die Quengeleien ...
9. ... brachte <u>er</u> den Stein ins Museum.
10. <u>Die Wissenschaftler</u> bestätigten,
11. ... dass <u>der Stein</u> ...

2 <u>Der Titanic-Untergang</u> am 15. April 1912 ...
... rammte <u>der Luxusdampfer</u> einen Eisberg.
... versank <u>das Schiff</u>.
<u>Die meisten Passagiere</u> ertranken ...
... wurde <u>das Wrack</u> wiederentdeckt.

Seite 14 – 15

1 2. Sie (Nominativ)
ein weiches Fell (Akkusativ)
3. sie (Nominativ)
4. Sie (Nominativ)
das Bellen (Akkusativ)
eines Schäferhundes (Genitiv)

2 1. Wer oder was ist weggeflogen?
mein Wellensittich (Nominativ)
Wer oder was hat ihn auf dem Baum entdeckt?
2. Die Katze (Nominativ)
Wessen Katze?
Die meiner Nachbarin (Genitiv)
Wen oder was hat sie entdeckt?
ihn (Akkusativ)

Seite 16 – 17

1 Lisa spielt mit ihrer Katze. (Dat.-Objekt)
Lisa füttert ihre Katze. (Akk.-Objekt)
Lisa streichelt ihre Katze. (Akk.-Objekt)
Lisa schmust mit ihrer Katze. (Dat.-Objekt)
Lisa liebt ihre Katze sehr. (Akk.-Objekt)

2 1. meiner Katze (Dativobjekt)
einen Kletterbaum (Akkusativobjekt)
2. Meinem Hund (Dativobjekt)
ein gemütliches Körbchen (Akkusativobjekt)

3 Die Deutschen geben <u>ihren Hunden</u>, <u>Wellensittichen</u> oder <u>Zierfischen</u> gern <u>das Beste</u>. Alle Haustiere zusammen fressen im Jahr <u>Fertignahrung</u> und <u>Spezialfuttermittel</u> im Wert von 1,55 Milliarden Euro! Die 6 Millionen Katzen schlecken für 700 Millionen Euro <u>Futter</u> aus Dosen und Schälchen. Die 5 Millionen Hunde bekommen <u>Fertigfutter</u> für 600 Millionen Euro in den Napf. Das viele Geld nützt nicht nur <u>den Haustieren</u>, sondern ermöglicht auch <u>den Produzenten</u> von Tiernahrung <u>große Gewinne</u>. Auch andere Hersteller verdienen <u>viel Geld</u>: Die deutschen Tierliebhaber kaufen <u>ihren Lieblingen</u> <u>Spielzeug</u>, <u>Leinen</u>, <u>Körbchen</u> usw. Dafür geben sie <u>600 Millionen Euro</u> aus.

Seite 18 – 19

1 Er hat den Lkw gesehen. (Perfekt)

Sie sind viel zu schnell gefahren. (Perfekt)

Sie wird an der Tankstelle halten. (Futur)

2 Im Perfekt und Futur ist das Verb zwei-teilig.

3 Perfekt: ... haben Strafe gezahlt.
Futur: ... werden Strafe zahlen.
Perfekt: ... ist aus der Schule gekommen.
Futur: ... wird aus der Schule kommen.
Perfekt: Er hat ... erzählt.
Futur: Er wird ... erzählen.
Perfekt: Seine Mutter hat ... zugehört.
Futur: Seine Mutter wird ... zuhören.

Seite 20 – 21

1 Ich machte meine Hausaufgaben und ging zum Sportplatz.
Dann holte meine Mutter mich ab und wir aßen zu Abend. Anschließend spielten wir noch zusammen.

2 Leon spielte im Verein Fußball.
Tina traf sich mit ihrer Freundin Lara.
Niko und seine Eltern fuhren zu Bekannten.
Sophie lief jeden Tag eine halbe Stunde.
Tim und sein Bruder fuhren mit dem Fahrrad zum See.

3 *Lösungsvorschlag:* ... und ich gähnte laut, stand dann aber doch murrend auf.
Vor dem Frühstück wusch ich mich und putzte meine Zähne. Ich zog mich an und frühstückte. Danach ging ich zur Schule.

Seite 22 – 23

1 ist (Zeit: Präsens)
Kuscheltier (Wortart: Nomen)
erblickte (Zeit: Präteritum)
Licht (Wortart: Nomen)
Er (Wortart: Personalpronomen)
wohnte (Zeit: Präteritum)
Ihr Teddy (Fall: Nominativ)
Kopf (Wortart: Nomen)
er (Fall: Nominativ)
ist gekommen (Zeit: Perfekt)
gibt (Zeit: Präsens)
der (Wortart: Artikel)
dem kleinen Bären (Fall: Dativ)
seinen (Wortart: Possessivpronomen)
Jagdausflug (Wortart: Nomen)
des Präsidenten (Fall: Genitiv)
den Abschuss (Fall: Akkusativ)
fragte (Zeit: Präteritum)
seinen (Wortart: Possessivpronomen)
Augen (Wortart: Nomen)

2 Rechtschreibung

Seite 24 – 25

1 Spinnennetz (ein = unbest. Artikel)
Spinne (die = bestimmter Artikel)
Räuber (der = bestimmter Artikel)
Fangnetz (im = Präposition + Artikel)
Netz (mein = Possessivpronomen)
Fliege (die = bestimmter Artikel)
Leben (im = Präposition + Artikel)
Eintagsfliege (eine = unbest. Artikel)

2 Abendessen (beim = Präposition + Artikel)
Mann (der = bestimmter Artikel)
Essen (das = bestimmter Artikel)
Dose (der = bestimmter Artikel)
Hund (ein = unbestimmter Artikel)
Liebling (Ihren = Possessivpronomen)

❸ ★ die Verwandtschaft, die Erlaubnis,
die Verletzung, die Süßigkeit,
die Verrücktheit, die Mitgliedschaft
die Schnelligkeit, die Witterung,
die Munterkeit, die Entdeckung,
die Erzählung, die Erbschaft

Seite 26 – 27

❶ das Atmen
zum Lachen
zum Verzweifeln
zum Essen
Das Spielen
zum Einkaufen
das Pfeifen ... das Singen
zum Schlafen
Beim Laufen
vom Lachen
zum Einschlafen
Das Lernen
dem Spielen ... das Aufräumen
zum Weinen
Beim Malen

❷ das Keuchen, das Jagen
das Backen, das Fragen
das Fliegen, das Raten
das Schimpfen, das Geben
das Wetten, das Nehmen
das Kochen, das Radeln
das Klettern, das Sammeln

❸ Aufräumen, Tanzen,
Verwechseln,
Liegen, Fliegen

Seite 28 / 37

❶ zählen → Zahl, zahlreich; ganztägig →
Tag, tagelang; sich rächen → Rache,
rachsüchtig; ändern → anders;
Gepäck → packen; Wächter → Wache,
wachen; freihändig → Hand;
umblättern → Blatt; Gärtner → Garten;
länger → lange

❷ Gemäuer → Mauer; häuslich → Haus;
Bäuerin → Bauer; Geräusch → rauschen;
aufräumen → Raum; äußerlich → außen;
säubern → sauber; gebräuchlich →
Gebrauch, brauchen; Gebäude → Bau,
bauen; häufen → Haufen, haufenweise

❸ ★ Sängerin → Gesang; hässlich → Hass;
quälen → Qual, qualvoll; Anfänger →
anfangen; gehässig → Hass, hassen;
Gelächter → lachen; Kälte → kalt;
täglich → Tag, tagelang; Wäsche →
waschen; färben → Farbe; Jäger → Jagd,
jagen; wählen → Wahl; Ausländer →
Ausland; glänzen → Glanz;
gefährlich → Gefahr; Wärme → warm;
aufklären → klar; Gelände → Land;
nähen → Naht; Gäste → Gast; Bäcker →
backen; hängen → Hang

Seite 38 – 39

❶ + ❷
grün: Tier, hier, Dieb, diese, sieben,
niemand, verlieren, nachgiebig, Sieg,
niemals, Schiene, ziemlich

blau: Widerstand, wir, widersprechen, Kilo,
Titel, Tiger, es gibt, Liter, Maschine

rot: Vieh, fliehen, ziehen, er befiehlt,
es geschieht, wiehern

orange: ihre, ihn, ihr, ihm, ihnen

Seite 40 – 41

❶ Fahrrad → Fahrräder, radeln; Fahrt →
Fahrten; Gegend → Gegenden;
Pferd → Pferde; Angst → Ängste,
ängstigen; Freund → Freunde; hart →
härter, härten; Bad → Bäder, baden;
Wert → Werte, werten; Wind → Winde,
windig; Land → Länder

❷ Band → Bänder; Bild → Bilder, abbilden;
Blut → bluten, blutig; Feld → Felder;
Gast → Gäste; Gold → goldig, golden;
Hemd → Hemden; Hund → Hunde;
Kind → Kinder, kindisch; Land → Länder,
landen; Mund → Münder, münden;
rund → runder, Rundung; Saft → Säfte,
saftig; Sand → sandig; Wald → Wälder,
waldig; Welt → Welten; wild → wilder,
verwildern; Wort → Worte, Wörterbuch;
Zeit → Zeiten, zeitig

Seite 42 – 43

❶ 1. Wörter mit kurzem Vokal: das Fass,
   Fluss, Schloss, wissen, ein bisschen
2. Wörter mit langem Vokal: Vielfraß, Fuß,
   groß, grüßen
3. Wörter mit Doppellaut: Strauß, ich
   weiß, draußen

❷★ Esslöffel (e kurz)
Haselnussstrauch (u kurz)
Füßen (ü lang)
Wasser (a kurz)
nass (a kurz)
Straße (a lang)
Spaß (a lang)
Sofakissen (i kurz)
blass (a kurz)
besser (e kurz)
verschließen (ie lang)
verschlossen (o kurz)
Entschluss (u kurz)
entschlossen (o kurz)

Seite 44 – 45

❶ z nach langem Vokal: duzen, Notizen,
siezen
z nach Doppellaut: heizen, Hustenreiz,
spreizen
z nach l, n, r: Pilze, Benzin, Scherze,
würzen
tz nach kurzem Vokal: putzen, Aufsatz,
verletzen, Witz

❷ z nach langem Vokal: Kapuze
z nach Doppellaut: Heizung, Kreuz
z nach l, n, r: Kerze, Herz, Streichholz,
Kranz, Pilz, Wurzel
tz nach kurzem Vokal: Katze, Blitz, Spatz,
Netz, Mütze

Seite 46 – 47

❶ 1. Lehrer: „Warum enthält ... auch Fett?"
   Schüler: „Weil sonst das Euter beim
   Melken quietschen würde."
2. ... und meint dann: „Papa, wenn es sich
   noch machen lässt, möchte
   ich lieber einen Hund."
3. „Tante Marion", fragt die kleine Julia,
   „warum hast du einen so dicken
   Bauch?"
   „Da ist ein Baby drin."
   Julia stutzt: „Hast du das Baby gern?"
   „Ja, sehr sogar!"
   „Aber ... aufgegessen?", staunt Julia.

❷★ 1. „Mama ... wurde?"
   „Im Büro, glaube ich", antwortet ...
   „Und wo warst du?"
   „Im Krankenhaus", sagt die Mutter.
   „Dann ... als ich kam!"
2. „Wenn ... deinen Vater?", fragte er.
   „Warum?", wollte sie ... „Willst ...
   küssen?"
3. „Was ... da?", fragt Marie.
   „Na, ganz einfach", meint Alexander.
   „Er will ... klauen."

Seite 48 – 49

❶ der Entschluss, entscheiden, der Endspurt,
der Endstand, entgegen, der Entwurf,
endgültig, entweder, endlos, der Endbe-
trag, endlich, der Endeffekt, das Endspiel,
entlang

❷ auffallende, begleitende, die Abende,
verlockende, belastende, ermutigende,
unterhaltende

❸ ★ -ig: witzig, völlig, freiwillig, langweilig, eilig, heilig, einzig, zufällig, schwindlig, drollig, neblig, winzig, eklig, übrig, kitzlig, gruslig, fertig

-lich: persönlich, empfindlich, friedlich, vertraulich, endlich, möglich, befindlich, befremdlich, mündlich, schädlich, freundlich, ländlich, hoffentlich, fürchterlich, deutlich

Seite 50 – 51

❶ ★ Waagerecht:
2 CLEVER, 6 CHEMIE, 7 COOL,
8 CAMPING, 9 COCKPIT, 11 CAFE
17 COLA, 18 CHEF, 19 COWBOY
20 CHRIST, 21 COMPUTER, 22 CITY

Senkrecht:
1 CELLO, 3 CORNFLAKES, 4 COUCH
5 CLOWN, 10 CHROM, 12 COLT
13 COMIC, 14 CREW, 15 CURRY
16 CHOR

Seite 52 – 53

❶ kürzlich,
Jäger ist verwandt mit jagen; betätigt ist verwandt mit Tat
misslungene
Geld (Verlängerte Form: Gelder)
Mann
Insassen
fliehen
Tiere
unbeschadet (Verlängerte Form: unbeschadete)
Tierheim
Täter (Verwandt mit: Tat)
anschließend
Einsammeln
„Ist das wirklich passiert?",
Geschichte
Comic

❸ Aufsätze schreiben

Seite 54 – 55

❶ *Lösungsvorschlag:*
… Der schwarze Sattel ist auf einer Stange befestigt, die sich nach unten zu einer Gabel verzweigt. In dieser Gabel befindet sich ein Rad mit Speichen, an dessen Achse zwei Pedale befestigt sind.

❷ *Lösungsvorschläge:*
… Seine Gesichtsform ist oval und seine Haut blass. Die wachen Augen blicken durch eine Brille mit runden Gläsern. Zu einem gepflegten Schulanzug trägt der Junge ein weißes Hemd und eine quergestreifte Krawatte.

… und geschwungene Augenbrauen. Ihre Gesichtsform ist länglich, die Haut blass. Ihre weit auseinanderstehenden Augen blicken streng. Die Nase des Mädchens ist lang und schmal. Sie hat einen breiten Mund und volle Lippen. Zu einer grünen Jacke/einem grünen Pullover trägt das Mädchen eine weiße Bluse und eine quergestreifte Krawatte.

Seite 56 – 57

❶ Reihenfolge: 4, 2, 1, 3

❷ 1. Vier Kinder spielen Fußball.
2. Der Ball fliegt über die Mauer in den Garten des Nachbarn.
3. Ein Junge klettert über die Mauer, um den Ball zu holen.
4. Der Junge steht im Garten des Nachbarn. Zwischen ihm und dem Ball steht ein zähnefletschender Hund.

❸ *Lösungsbeispiel:*
fragen, antworten, rufen, schreien, erwidern, brüllen, flüstern

4 *Lösungsbeispiel:*
Ein Junge ruft: „Pass auf! Da ist ein Hund im Garten!"
Der Junge im Garten antwortet:
„Was soll ich denn nun machen?"
Der andere Junge schreit: „Komm schnell wieder zurück!"

5 *Lösungsbeispiel:*
Benni, Mirko, Torsten und Niko spielen im Garten von Bennis Eltern Fußball. Als Mirko den Ball zu Benni schießen will, verfehlt er sein Ziel und der Ball fliegt über die Gartenmauer. Mirko ruft ausgelassen: „Ich hole den Ball." Er übersieht in seinem Eifer das Schild an der Mauer, das vor dem bissigen Hund der Nachbarn warnt, und klettert schnell in den anderen Garten. Benni ruft zwar: „Pass auf! Da ist ein Hund im Garten!", doch die Warnung kommt zu spät. Mirko steht einem Zähne fletschenden Hund gegenüber, der zwischen ihm und dem Ball steht und knurrt. Als Mirko verzweifelt schreit: „Was soll ich denn nun machen?", kommt die Hundebesitzerin aus dem Haus gerannt und lockt den Hund zu sich. Zu Mirko sagt sie vorwurfsvoll: „Hast du das Schild nicht gesehen?"

Seite 58 – 59
1 *Lösungsbeispiel:*
1. röhrend, quakend, unheimlich, klappernd, krächzend …
2. Mein Vater denkt gleich an ein technisches Gerät, ein Sportflugzeug oder einen Heißluftballon.
3. Meine Mutter sagt: „Guckt mal, ein großer Vogel!"
4. Meine Mutter ist beeindruckt.

5. Beschreibung: violetter Kopf mit großen Augen und spitzen, kleinen Zähnen; weite, blaue Flügel; grüne Krallen; lange grüne Schwanzfeder
Bewegungen: hastig, schnell, aufgeregt
Der Name des Sauriers: Federdrache.
6. Mein Vater sagt: „Das ist bestimmt kein echter Saurier."
Der Mann erklärt: „Den Saurier habe ich selbst gebastelt. Ich kann ihn mit dieser Fernbedienung lenken."

2 Dein Aufsatz sollte deine Stichworte aus Übung 1 enthalten.

Seite 60 – 61
1 2. Sie erhitzt Wasser in einem Topf.
3. Sie stellt die Dose mit den Kerzenstummeln in den Topf.
4. Sie füllt nun das weiche Kerzenwachs in sternförmige Plätzchenformen und stellt diese in den Kühlschrank.

2 *Lösungsvorschlag:*
Gib alle alten Kerzenstummeln in eine Dose. Stelle einen Topf mit Wasser auf eine Kochplatte und erhitze das Wasser. Wenn das Wasser kocht, stelle die Dose mit den Kerzenstummeln hinein. Sobald das Kerzenwachs flüssig ist, nimm die Dose aus dem Wasser, gieße das Wachs in sternförmige Plätzchenformen und stecke einen Docht in die Mitte. Wickle zum Schluss die Formen in Alufolie ein und stelle sie in den Kühlschrank.

1 Mein Geburtstag war in diesem Jahr an einem Sonntag.

Ein toller Geburtstag

Pünktlich um 8 Uhr weckten mich meine Eltern mit einem Geburtstagslied und einem Kuchen. Als wir am Frühstückstisch saßen, bat ich: „Darf ich schon ein Geschenk auspacken?" Meine Eltern schmunzelten und meine Mutter antwortete: „Du kannst sie gleich alle öffnen." Zuletzt machte ich ein großes Geschenk auf, in dem ein Einrad war. „Das habe ich mir schon so lange gewünscht!", rief ich erfreut und probierte es nach dem Frühstück gleich aus. Am Nachmittag kamen meine Freunde und brachten noch mehr Geschenke. Ich freute mich sehr darüber und als alle da waren, rief meine Mutter: „Wer von euch hat Hunger auf Kuchen?" Gleich stürmten wir zu Tisch und ließen es uns schmecken. Als am Abend der letzte Gast gegangen war, ließ ich mich müde und zufrieden ins Bett fallen.
Warum konnte nicht jeder Geburtstag an einem Sonntag sein?

2 ... schlägst du die beiden Eier auf und gibst sie in eine Schüssel. Danach gibst du das Salz, den Zucker, das Backpulver und die Milch dazu und verrührst alles. Anschließend rührst du das Mehl unter und mischst die Masse gut durch. Wenn du fertig bist, erhitzt du etwas Öl in der Pfanne und gibst eine große Kelle Teig hinein. Schwenke dann die Pfanne leicht, damit sich der Teig gleichmäßig darin verteilt. Sobald der Pfannkuchen an der Unterseite leicht braun ist, musst du ihn wenden. Danach backst du auch die andere Seite. Zum Schluss richtest du den Pfannkuchen auf einem Teller an und bestreust ihn mit Zimt und Zucker.

★ **3** In diesem Rechteck sind 23 Wörter mit ä versteckt: 17 waagerecht und 6 senkrecht. Schreibe sie in dein Übungsheft und gib verwandte Wörter an.

2

S	Ä	N	G	E	R	I	N	H	Ä	S	S	L	I	C	H
A	G	Ä	Ä	Q	A	Q	U	Ä	L	E	N	Z	X	Y	Q
U	E	H	S	Z	T	Z	A	N	F	Ä	N	G	E	R	Z
F	L	E	T	Q	S	X	Z	G	E	H	Ä	S	S	I	G
K	Ä	N	E	B	E	Z	G	E	L	Ä	C	H	T	E	R
L	N	Q	K	Ä	L	T	E	N	T	Ä	G	L	I	C	H
Ä	D	Y	Y	C	Z				W	Ä	S	C	H	E
R	E	W	Z	K	Q		**ä**		F	Ä	R	B	E	N
E	J	Ä	G	E	R				W	Ä	H	L	E	N
N	Z	Y	X	R	R				Ä	R	Z	T	I	N
A	U	S	L	Ä	N	D	E	R	G	L	Ä	N	Z	E	N
G	E	F	Ä	H	R	L	I	C	H	W	Ä	R	M	E	Y

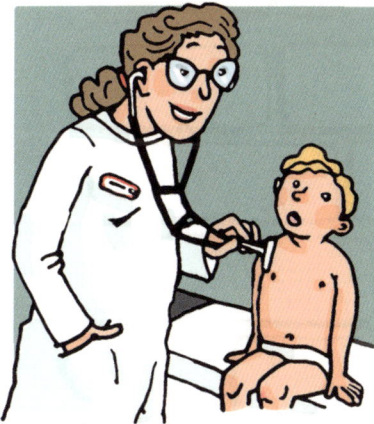

Beispiel: _Ärztin_ _Arzt_

Die gesuchten Wörter beginnen:

waagerecht
mit S h q A g G K t W
f J w A g g W

senkrecht
mit a G n G B h

44

64 – 48 Punkte   47 – 32 Punkte   31 – 0 Punkte   Gesamt-punktzahl

Wörter mit langem i

Das lange i schreibt man mit ie, i, ieh oder ih.

1 Sortiere die Wörter mit langem i. Male die Wörter mit ie grün an, die Wörter nur mit i blau, die Wörter mit ieh rot und die Wörter mit ih orange.

Widerstand	ihre	Tier
wir	ihn	ihr
widersprechen	Kilo	ihm
Vieh	fliehen	Titel
hier	Dieb	diese
Tiger	sieben	ziehen
niemand	verlieren	es gibt
nachgiebig	er befiehlt	Sieg
Liter	Maschine	niemals
es geschieht	Schiene	ziemlich
wiehern	ihnen	

28

2 Ordne die Wörter in die Hausmauern ein.

Grüne Wörter:

Blaue Wörter:

Rote Wörter:

Orangefarbene
Wörter:

32

60 – 48
Punkte 47 – 23
Punkte 22 – 0
Punkte Gesamt-
punktzahl

Am Wortende d oder t?

„Rekord" und „Mord" schreibt man hinten mit d,
„Arbeit" und „Wort" aber mit t.
Warum ist das so?

Am Wortende steht d, wenn es verlängerte Wortformen oder verwandte
Wörter mit d gibt.
Beispiele:
Rekor**d**   *die Rekorde*
Mor**d**   *die Morde, morden, Mörder*

Am Wortende steht t, wenn es erweiterte Wortformen oder verwandte
Wörter mit t gibt.
Beispiele:
Arbei**t**   *arbeiten, Arbeiterin*
Wor**t**   *Wörter, Worte, Wörterbuch*

1 **Notiere verlängerte Wortformen oder verwandte Wörter.**

Fahrrad   _____

Fahrt   _____

Gegend   _____

Pferd   _____

Angst   _____

Freund   _____

hart   _____

Bad   _____

Wert   _____

Wind   _____

Land   _____

11

2 In dem Halbkreis findest du 20 Wörter mit vier Buchstaben. Die Wörter enden auf d oder t. Ergänze jeweils d oder t. Schreibe sie in die Liste und füge eine erweiterte Wortform oder ein verwandtes Wort mit d oder t hinzu.

Arzt _____ *Ärzte* _____ _____ _____

_____ _____ _____ _____

_____ _____ _____ _____

_____ _____ _____ _____

_____ _____ _____ _____

_____ _____ _____ _____

_____ _____ _____ _____

_____ _____ _____ _____

_____ _____ _____ _____

_____ _____ _____ _____ 19

41

ss oder ß?

Man schreibt:
süß, essen, Vielfraß, das Fass, Fluss, Fuß, Schloss, groß, grüßen, fleißig, Strauß, wissen, ich weiß, draußen, ein bisschen.

Warum ist das so? Erinnerst du dich an die Regeln?
Es kommt darauf an, was vor dem ss oder ß steht:
→ ein kurzer Vokal,
→ ein langer Vokal,
→ ein Doppellaut (Diphthong: ai, au, äu, ei, eu).

1 **Schreibe die Wörter von oben in die entsprechenden Zeilen.**

1. Wörter mit kurzem Vokal: essen, _____

   _____

2. Wörter mit langem Vokal: süß, _____

   _____

3. Wörter mit Doppellaut: fleißig, _____

   _____

12

Jetzt ist die Regel klar:
Den **scharfen (stimmlosen) s-Laut** schreibt man
→ nach kurzem Vokal ss (*Schloss, Fluss, essen*),
→ nach langem Vokal ß (*groß, grüßen, Süßigkeiten*),
→ nach Doppellaut ß (*draußen, fleißig, weiß*).

sssssssss...

★ ❷ **Kreuze an, ob die Vokale vor den scharfen (stimmlosen) s-Lauten lang oder kurz gesprochen werden, und ergänze ß oder ss.**

		lang	kurz	Der s-Laut wird geschrieben:
Sü_ß_igkeiten kaufen	ü →	○	○	ß
Schokolade e_ss_en	e →	○	○	ss
der E___löffel	E →	○	○	
der Haselnu___strauch	u →	○	○	
mit den Fü___en	ü →	○	○	
im Wa___er	a →	○	○	
ganz na___ sein	a →	○	○	
auf der Stra___e spielen	a →	○	○	
viel Spa___ haben	a →	○	○	
das Sofaki___en	i →	○	○	
krank und bla___ aussehen	a →	○	○	
es geht mir be___er	e →	○	○	
die Tür verschlie___en	ie →	○	○	
die Tür ist verschlo___en	o →	○	○	
einen Entschlu___ fassen	u →	○	○	
fest entschlo___en sein	o →	○	○	14

z oder tz?

Man schreibt:
Holz, stolz ..., aber *Katze, Spitze.*

Warum ist das so?
Es kommt darauf an, was vor dem z oder tz steht.

→ Am Wortanfang steht z   Zucker, zeichnen, zehn ...
  Nach langem Vokal steht z   Kapuze, duzen ...
  Nach Doppellaut steht z   Ehrgeiz, Kreuz, Kauz ...
  Nach l, n, r steht z   Holz, ganz, Arzt ...
→ Nach kurzem Vokal steht tz   Katze, putzen, sitzen ...

1 **Ordne die farbigen Wörter in die Liste ein.**

Pilze sammeln   Benzin tanken
Scherze machen   die Wohnung heizen
sich die Zähne putzen   den Aufsatz schreiben
den Lehrer duzen   sich Notizen machen
sich verletzen   der Hustenreiz
einen Witz erzählen   den Fremden siezen
die Flügel spreizen   das Essen würzen

z			tz
nach langem Vokal	nach Doppel-laut	nach l, n, r	nach kurzem Vokal
			14

2 Welche Wörter sind gemeint? Ordne die Wörter in die Liste ein.

2

z			tz
nach langem Vokal	nach Doppel-laut	nach l, n, r	nach kurzem Vokal
			14

28 – 22 Punkte   21 – 15 Punkte   14 – 0 Punkte   Gesamt-punktzahl

Satzzeichen bei wörtlicher Rede

Wörtliche Rede steht in Anführungszeichen.
Vor der wörtlichen Rede stehen die Anführungszeichen unten, nach der wörtlichen Rede stehen sie oben.
Geht der **Begleitsatz** voraus, wird die wörtliche Rede mit einem Doppelpunkt angekündigt.
Beispiel: Lisa fragt: „Soll ich dir einen Witz erzählen?"

Aussage: _____ : „_____."

Frage: _____ : „_____?"

Ausruf: _____ : „_____!"

1 Ergänze die Anführungszeichen, Punkte, Ausrufezeichen und Fragezeichen.

1. Lehrer: Warum enthält die Milch auch Fett

   Schüler: Weil sonst das Euter beim Melken quietschen würde

2. Pia wird von ihrem Vater gefragt, ob sie lieber ein Brüderchen oder ein

   Schwesterchen haben möchte. Sie überlegt kurz und meint dann: Papa,

   wenn es sich noch machen lässt, möchte ich lieber einen Hund

3. Tante Marion, fragt die kleine Julia,

   warum hast du einen so dicken Bauch

   Da ist ein Baby drin

   Julia stutzt: Hast du das Baby gern

   Ja, sehr sogar antwortet Tante Marion.

   Aber warum hast du es dann aufgegessen staunt Julia.

Folgt der Redebegleitsatz, steht nach der wörtlichen Rede immer ein Komma. Frage- und Ausrufezeichen der wörtlichen Rede werden beibehalten, der Schlusspunkt entfällt.
Beispiele: „Ich erzähle dir einen Witz", verkündet Lisa.
„Soll ich dir einen Witz erzählen?", fragt Lisa.
„Nun sprich endlich mit mir!", schrie sie.

★ **2** **Ergänze die fehlenden Anführungszeichen, Fragezeichen, Ausrufezeichen, Kommas und Punkte.**

1. Der kleine Sebastian fragt seine Mutter an seinem Geburtstag:

    Mama, wo war eigentlich Papa, als ich geboren wurde

    Im Büro, glaube ich   antwortet die Mutter erstaunt.

    Und wo warst du

    Im Krankenhaus   sagt die Mutter.

    Darauf antwortet der Kleine ganz beleidigt:

    Dann war also niemand zu Hause, als ich kam

2. Florian war zum ersten Mal bei seiner Freundin zu Hause.

    Wenn ich dich jetzt küsse, rufst du dann deinen Vater   fragte er.

    Warum   wollte sie wissen.   Willst du den auch küssen

3. Marie und Alexander, beide vier Jahre alt, hocken hinter einem Busch und

    sehen einem Liebespaar zu, das sich küsst.

    Was machen die denn da   fragt Marie.

    Na, ganz einfach   meint Alexander.   Er will ihr den Kaugummi klauen. | 36 |

47

end- oder ent-, -lich oder -ig?

Die Wortbestandteile **end-** und **ent-** verwechselt man häufig. Wenn das Wort sinngemäß etwas mit „Ende" zu tun hat, schreibt man „end".
Beispiel: Endrunde (= die letzte Runde)

1 Unterscheide end- und ent-.

der En?schluss ____   en?scheiden ____

der En?spurt ____   der En?stand ____

en?gegen ____   der En?wurf ____

en?gültig ____   en?weder ____

en?los ____   der En?betrag ____

en?lich ____   der En?effekt ____

das En?spiel ____   en?lang ____   `14`

Stehen -end und -ent am Wortende, kannst du verlängern.
Beispiel: wartend → die wartenden Menschen

2 Verlängere und schreibe das Wort richtig.

auffallen? _____   begleiten? _____

der Aben? _____   verlocken? _____

belasten? _____   ermutigen? _____

unterhalten? _____   `7`

> Die Endungen **-lich** und **-ig** verwechselt man schnell.
> Wenn du das Wort verlängerst, hörst du das ch und das g deutlicher.
> Beispiel: unmög*lich*   unmög*licher*

★ **3** **Unterscheide -lich und -ig. Verlängere die Wörter.**

persönli**?** _____   witzi**?** _____

völli**?** _____   empfindli**?** _____

freiwilli**?** _____   friedli**?** _____

langweili**?** _____   vertrauli**?** _____

endli**?** _____   eili**?** _____

mögli**?** _____   befindli**?** _____

heili**?** _____   einzi**?** _____

zufälli**?** _____   befremdli**?** _____

schwindli**?** _____   drolli**?** _____

nebli**?** _____   winzi**?** _____

ekli**?** _____   mündli**?** _____

schädli**?** _____   übri**?** _____

freundli**?** _____   kitzli**?** _____

grusli**?** _____   ländli**?** _____

hoffentli**?** _____   fürchterli**?** _____

deutli**?** _____   ferti**?** _____   32

2

49

Fremdwörter mit c und ch

1 Löse das Kreuzworträtsel.

1		2							3	4	5
	6							7			
	8										
	9										
	10			11			12				
			14								
13		16			17					15	
	18										
	19										
			20								
21							22				

Waagerecht:

2 klug, gewitzt

6 eine Wissenschaft

7 kühl, ohne Aufregung

8

9 dort sitzt der Pilot im Flugzeug

11 Gaststätte, hier bekommt man Kuchen

17

18 der Leiter eines Betriebes

19

20 jemand, der an Gott, Jesus und den Heiligen Geist glaubt

21

22 Innenstadt

2

Senkrecht:

1

3

4 Liegesofa

5

10 graues, glänzendes Element

12

13 gezeichnete Bilderfolge

14 Besatzung eines Flugzeugs

15 indisches Gewürz

16 Gruppe von Sängern

22

22 – 17 Punkte   16 – 11 Punkte   10 – 0 Punkte   Gesamtpunktzahl

Vermischte Übungen

1 **Ergänze die fehlenden Buchstaben und fülle die Lücken aus.**

Tatort Tierheim

Bonner Polizisten haben sich

kürzli_____ als Hamster-   Wie lautet die Endung?

und Kaninchenj____ger   ä oder e (Verwandt mit: _____)

bet____tigt; Auslöser für die   ä oder e (Verwandt mit: _____)

ungewohnte Beschäftigung

war der mi_____lungene   ss oder ß?

Einbruch eines betrunkenen

19-Jährigen in ein Tierheim.

Auf der Suche nach Gel_____   d oder t? (Verlängerte Form: _____)

hatte der _____ann, wie die   M oder m?

Polizei vermutete, mehrere

Käfige mit Katzen, Hamstern

und Kaninchen umgeworfen,

deren Insa_____en umgehend   ss oder ß?

zu fl_____en versuchten.   Wie schreibt man den i-Laut?

Die T_____re kamen   Wie schreibt man den i-Laut?

unbeschade_____ davon.   d oder t? (Verlängerte Form: _____)

52

2

Die Polizei, die dank der Auf-

merksamkeit und Mitteilsamkeit

der ebenfalls im ____ierheim   T oder t?

„einsitzenden" Hunde schnell

an den Tatort gerufen wurde,

sammelte zunächst den

T____ter und   ä oder e? (Verwandt mit: _____)

anschlie____end die Flüchtlinge   ss oder ß?

wieder ein.

Das ____insammeln dauerte   E oder e?

keine halbe Stunde.

____Ist das wirklich passiert____   Ergänze Anführungs- und Satzzeichen.

fragte die Oma. „Ja, eigentlich

ist das eine _____eschichte wie   G oder g?

aus einem ____omi____."   Ergänze die k-Laute.   `23`

Gegenstands- und Personenbeschreibung

Wenn du einen Gegenstand oder eine Person beschreibst, solltest du auf eine **sinnvolle Reihenfolge** achten. Du kannst die Teile und Merkmale z. B. von oben nach unten darstellen.
Beispiel: Auf dem Tannenbaum ist oben eine Spitze angebracht. Die Zweige des Baumes sind mit roten Kugeln, goldfarbenem Lametta und einer langen Lichterkette geschmückt. Unter dem Baum liegen die Geschenke.

1 Stell dir vor, dass jemand sich nicht vorstellen kann, wie ein Einrad aussieht. Sieh dir das Bild an und beschreibe das Einrad möglichst genau.

Ich habe alle wichtigen Teile beschrieben. ☐ 2
Die Reihenfolge ist sinnvoll. ☐ 2

2 Stell dir vor, dass du im Urlaub jemanden kennengelernt hast, der aussieht wie dieses Mädchen oder dieser Junge. Entscheide dich für eine Person und beschreibe sie mithilfe der Liste unten möglichst genau. Verwende treffende Adjektive und achte auf eine sinnvolle Reihenfolge. Schreibe den Text in dein Übungsheft.

3

Haare:	lang, kurz, schulterlang, lockig, glatt, dunkel, hell, gescheitelt, hochgesteckt
Augenbrauen:	geschwungen, buschig, zusammengewachsen
Gesichtsform:	kantig, oval, länglich, rundlich
Haut:	blass, gebräunt, sommersprossig
Augen und Blick:	weit auseinanderstehend, eng, strahlend, blinzelnd, streng, fröhlich blickend, traurig, freundlich, wach
Nase:	breit, schmal, gerade, krumm, kurz, lang
Mund, Lippen:	schmal, breit, voll, rot, blass, schmallippig
Kleidung:	sportlich, elegant, gepflegt, ordentlich, modern, farbenfroh, schlicht

Ich habe alle wichtigen Merkmale beschrieben.	3
Die Reihenfolge ist sinnvoll.	3
Ich habe treffende Adjektive verwendet.	3
Rechtschreibung und Zeichensetzung habe ich überprüft.	1

	14 – 11 Punkte	10 – 7 Punkte	6 – 0 Punkte	Gesamt-punktzahl

Zu Bildern eine Erzählung schreiben

1 Sieh dir zunächst alle vier Bilder genau an. Nummeriere sie dann so, dass sie in der richtigen Reihenfolge stehen.

Ich hole den Ball.

VORSICHT: bissiger Hund!

4

2 Was ist auf den vier Bildern zu sehen? Schreibe es kurz auf.

_____

_____

_____

_____

_____

_____

4

Erinnere dich: **Wörtliche Rede** steht immer in Anführungszeichen.
Leitest du die wörtliche Rede mit einem **Redebegleitsatz** ein, steht danach
ein Doppelpunkt.

Beispiel:

Der Junge sagt: „Ich hole den Ball."

3 Welche Wörter kannst du anstelle von „sagen" benutzen? Notiere fünf Beispiele.

_____ | 5 |

4 Was könnten die Kinder in der Geschichte noch sagen? Formuliere drei Rede-
begleitsätze mit wörtlicher Rede. Verwende auch andere Wörter für „sagen".

_____

_____

_____

_____ | 3 |

5 Schreibe nun die Bildgeschichte ausführlich in dein Übungsheft.
Verwende wörtliche Rede. Überlege dir auch einen Schluss.

Ich habe jedes Bild beschrieben. | 2 |
Die Reihenfolge ist sinnvoll. | 2 |
Wörtliche Rede habe ich eingesetzt. | 2 |
Rechtschreibung und Zeichensetzung habe ich überprüft. | 1 |

57

23 – 17 Punkte   16 – 11 Punkte   10 – 0 Punkte   Gesamt-punktzahl

Eine Erlebniserzählung schreiben

Stell dir vor, du hättest einen Flugsaurier gesehen und sollst nun darüber schreiben.
Dein Aufsatzthema: Ich verbringe meine Ferien im Erzgebirge und mache mit meinen Eltern einen Waldspaziergang. Dabei sehen wir einen Flugsaurier.

1 **Ergänze zunächst die Stoffsammlung für die Erlebniserzählung.**
Verwende auch wörtliche Rede.

1. Ich mache mit meinen Eltern einen Waldspaziergang. Plötzlich sind schaurige Laute zu hören.
   Wie kann man die Laute genauer beschreiben?
   Notiere fünf ausschmückende Adjektive.

   _____

   _____

2. Auch mein Vater hört die merkwürdigen Laute. Wie erklärt er sie?

   _____

   _____

3. Plötzlich sieht meine Mutter für einen Augenblick den Flugsaurier über den Baumwipfeln. Was sagt sie?

   _____

   _____

3

4. Wie reagiert sie?

_____

_____

5. Wir kommen auf eine Lichtung und sehen den fliegenden Saurier besser.

Beschreibung: _____

_____

_____

Bewegungen: _____

_____

Der Name des Sauriers: _____

Was sagt mein Vater? _____

_____

6. Ich sehe am Waldrand einen Mann mit einer Fernsteuerung in der Hand. Wir gehen zu ihm hin. Wie erklärt er uns sein Fluggerät?

_____

_____ | 9 |

2 **Schreibe nun mithilfe der Stoffsammlung die vollständige Erzählung in dein Übungsheft. Verwende auch wörtliche Rede.**

Wörtliche Rede habe ich mehrmals eingesetzt. | 5 |
Ich habe ausschmückende Adjektive verwendet. | 3 |
Rechtschreibung und Zeichensetzung habe ich überprüft. | 1 |

18 – 14 Punkte   13 – 9 Punkte   8 – 0 Punkte   Gesamt-punktzahl

Wenn man einen Vorgang beschreibt, muss man besonders auf die **richtige Reihenfolge** achten.

1 Verena hat aus alten Kerzenstummeln neue Kerzen gemacht. Beschreibe zunächst kurz Schritt für Schritt, wie Verena vorgeht.

1. *Verena sammelt alle alten Kerzenstummel in einer Dose.* _____

2. _____

   _____

3. _____

   _____

4. _____

   _____

   _____ | 3 |

3

Eine Beschreibung wird langweilig, wenn man z. B. schreibt:
„Dann nimmt man ..., dann legt man ..., und dann ... ."
Verwende darum auch andere **verknüpfende Wörter**.
Beispiele: *zuerst, zunächst, wenn ... dann, dann, danach, anschließend, abschließend, zum Schluss*

2 Schreibe nun die vollständige Vorgangsbeschreibung. Achte darauf, dass deine Beschreibung nicht langweilig wird. So könntest du anfangen:

Verena hat mir gezeigt, wie sie aus vielen alten Kerzenstummeln _____

neue Kerzen macht. Gib ... _____

Die Reihenfolge ist folgerichtig.	2
Ich habe verknüpfende Wörter verwendet.	3
Rechtschreibung und Zeichensetzung habe ich überprüft.	1

61

9 – 6 Punkte   5 – 3 Punkte   2 – 0 Punkte   Gesamt-punktzahl

Vermischte Übungen

1 Schreibe eine Erzählung zur Bildergeschichte. Verwende wörtliche Rede und andere Wörter für „sagen". Vergiss die Überschrift nicht! Schreibe in dein Übungsheft.

So kannst du anfangen:
Mein Geburtstag war in diesem Jahr an einem Sonntag ...

Für „sagen" habe ich andere Wörter verwendet.	4
Wörtliche Rede habe ich mehrmals eingesetzt.	4
Rechtschreibung und Zeichensetzung habe ich überprüft.	1

2 **Lea möchte einen Pfannkuchen backen. Beschreibe, wie sie vorgehen muss, damit der Pfannkuchen gelingt.**
Achte darauf, dass du auch andere Wörter für „dann" verwendest.

Du brauchst:

→ Schüssel
→ 2 Eier
→ eine Prise Salz
→ einen Esslöffel Zucker
→ einen Teelöffel Backpulver
→ 150 ml Milch

→ 150 g Mehl
→ eine Pfanne
→ etwas Öl
→ eine große Kelle
→ Zimt und Zucker

3

So gehst du vor:

→ Eier aufschlagen und in eine Schüssel geben
→ Salz, Zucker, Backpulver und Milch dazugeben
→ Mehl unterrühren und mit dem Schneebesen gut mischen
→ Öl in Pfanne erhitzen und eine große Kelle Teig in Pfanne geben
→ Pfanne schwenken, damit sich Teig gleichmäßig verteilt
→ braunen Pfannkuchen wenden und andere Seite backen
→ mit Zimt und Zucker bestreuen

So kannst du anfangen:

Du kannst ganz leicht einen Pfannkuchen selbst backen. Als Erstes ...

Schreibe in deinem Übungsheft weiter.

Die Reihenfolge ist folgerichtig. | 2
Ich habe verschiedene verknüpfende Wörter verwendet. | 6
Rechtschreibung und Zeichensetzung habe ich überprüft. | 1

63

18 – 13 Punkte   12 – 8 Punkte   7 – 0 Punkte   Gesamt-punktzahl

Bibliografische Information der Deutschen Nationalbibliothek
Die Deutsche Nationalbibliothek verzeichnet diese Publikation in der
Deutschen Nationalbibliografie; detaillierte bibliografische Daten sind
im Internet über http://dnb.d-nb.de abrufbar.

1. Auflage
© Cornelsen Scriptor 2013   D C B A
Bibliographisches Institut GmbH
Mecklenburgische Straße 53, 14197 Berlin

Redaktionelle Leitung Anika Donner
Redaktion Maria Bley
Illustrationen Dorina Teßmann
Herstellung Ursula Fürst
Layout Horst Bachmann
Umschlaggestaltung Büroecco Kommunikationsdesign GmbH, Augsburg
Satz Satzpunkt Ursula Ewert GmbH, Bayreuth
Druck und Bindung Heenemann GmbH & Co. KG
Bessemerstraße 83–91, 12103 Berlin
Printed in Germany

ISBN 978-3-411-87135-3